AF555508

EDICT DV ROY,

PORTANT CREATION & reſtabliſſement des Offices de Procureurs Poſtulans.

Verifié en la Cour de Parlement, Chambre des Comptes & Cour des Aydes.

Auec la Declaration de ſa Majeſté.

A PARIS,
Par P. METTAYER, A. ESTIENE & C. PREVOST, Imprimeurs ordinaires du Roy.

M. DCXXVII.

Auec Priuilege de ſa Majeſté.

LOVIS, par la grace de Dieu, Roy de France & de Nauarre, A tous presens & à venir, Salut. Depuis nostre Edict sur les remonstrances des Estats generaux conuoquez en nostre bonne Ville de Paris, & les aduis qui nous ont esté donnez en l'assemblée de Roüen, Nous auons receu nouuelles plaintes de plusieurs Procureurs postulans, tant en nos Cours souueraines que Iurisdictions Royales, subalternes & inferieures, de ce que le nombre estoit tellement accreu & deuenu si excessif en chacune desdites Iurisdictions, qu'ils ne peuuent plus gaigner leur vie en faisant leurs charges auec honneur & conscience: d'où il aduient que ceux qui n'ont biens & moyens d'ailleurs, sont contraints rechercher diuers artifices & subtilitez, pour multiplier & tirer en longueur les procez par incidens inutils & tres-dommageables aux parties, à la honte & au mespris de la Iustice & des Magistrats & Officiers qui sont employez à l'exercice d'icelle. A quoy desirant pouruoir pour le bien de la Iustice & soulagement de nos subjets, Nous nous sommes faict representer l'Edict fait par le Roy Charles IX. en l'année mil cinq cens soixante douze, pour la creation desdits Procureurs en tiltre d'Office, & reduction à certain nombre reglé & limité en suite d'autres Edicts, & Declarations faites par nos predecesseurs Roys Louys XII. François I. & François II. celuy fait par Henry III. en l'anné e mil cinq cens quatre vingts quatre, diuers Arrests donnez en nostre Conseil, du temps du feu Roy nostre tres-honoré Seigneur & Pere, que Dieu absolue. Lesquels ayãt fait examiner en nostre Conseil & consideré, puis que lesdits Edicts, Declarations & Arrests n'ont peu empescher que lesdits Procureurs n'ayẽt esté accreuz & augmẽtez de temps à autre, iusques à vn nombre si excessif qu'il excede de beaucoup en la plus-part des Iurisdictions, celuy à quoy ils estoient reduits par les Reglemens sur ce faits, qu'il n'y auoit autre meilleur moyen de faire cesser cét abus & desordre, que de faire executer & obseruer exactement lesdits Edicts & Declarations, les erigeãt de nouueau en tiltre d'Office, & les reduisãt à certain nõbre, qui ne pourra estre excedé par nous & nos successeurs Roys à l'aduenir, pour quelque cause & occasion que ce soit: y ayant grande raiſon d'eſperer que ce tiltre d'honneur qu'ils auront d'eſtre nos Officiers, en rendra le choix meilleur qu'il n'eſt à preſent, & fera qu'ils ſeront plus ſoigneux d'exercer leurs charges auec hõneur & conſcience. SÇAVOIR FAISONS, qu'ayant mis cét affaire en deliberation en noſtredit Conſeil, où eſtoiẽt aucuns Princes de noſtre ſang, autres Princes, Officiers de noſtre Couronne, & autres grands & notables perſonnages, DE L'ADVIS d'iceluy & de noſtre propre mouuement, pleine puiſſance & authorité Royale, Nous auons par cettuy noſtre preſent Edict perpetuel & irreuocable, Dit, ſtatué & ordonné, diſons, ſtatuons & ordonnons, qu'à nul autre qu'à nous n'appartiendra cy apres d'eſtablir des Procureurs poſtulans & autres Officiers, en toutes nos Cours ſouueraines & Iuriſdictiõs Royales de cettuy noſtre Royaume, Terres & Seigneuries de noſtre obeïſſance, comme eſtant vn droict Royal: & faiſons defenſes à tous nos Officiers de quelque qualité & cõdition qu'ils ſoiẽt, d'en receuoir & eſtablir aucuns à l'aduenir ſans nos Lettres de prouiſiõ, bien & deuëmẽt expediées & ſellées de noſtre grand ſeau. En conſequence dequoy, & des Edicts des Roys nos predeceſſeurs, Nous auons entant que beſoin eſt ou ſeroit, de nouueau creé & erigé, creõs & erigeõs par ces Preſentes en tiltre d'Office formées, toutes leſdites charges de Procureurs poſtulãs en toutes & chacunes nos Cours de Parlemẽt, grand Conſeil, Chambre des Cõptes, Cours des Aydes, Bailliages, Seneſchauſſées, ſieges Preſidiaux, Preuoſtez, Vigueries, Vicomtez, Elections, greniers à Sel, & autres Iuriſdictions Royals, pour y eſtre preſentement par nous pourueu de la personne de ceux qui sont de present en exercice qui voudrót prendre lettres de nous, & cy apres vacation aduenãt iusques à vn certain nombre moderé suiuans les Reglemens qui en seront faicts en nostre Cóseil, par l'aduis des Officiers de nosdites Cours & Iurisdictions, que nous leur enioignons de nous enuoyer incontinent apres la publication de nostre present Edict, pour ioüir par lesdits Procureurs qui payeront la finance à laquelle ils seront moderément taxez en nostre Cõseil, & prendront nos lettres de prouision dans trois mois apres la signification qui leur sera faite, des hõneurs, priuiléges, fonctions, profits & emolumés y appartenans, tels & semblables qu'ils en ioüissent à present bien & deüement. Et afin que ledit nõbre qui sera par nous reglé ne puisse estre excedé, excede, Nous declarons nostre vouloir & intention estre que lesdites Charges de Procureurs demeurent esteinctes & supprimées vacation aduenant par mort, iusques à ce qu'elles soient reduites au nombre porté par lesdits Reglemens, sans qu'ils puissent estre restablis, ny ledit nombre augmenté cy apres pour quelque cause & occasion que ce soit. N'entendons toutefois que les Procureurs qui sont à present en toutes lesdites Cours & Iurisdictions, & qui exerceront leurs charges en vertu des nominations & Commissions qu'ils ont cy deuant obtenues de nos Officiers, puissent estre contraints de prendre lesdites lettres de prouision si bon ne leur semble, ny qu'il leur soit fait ou donné aucun empeschement en l'exercice desdites charges à ceste occasion leur vie durant. Mais afin qu'il y ait quelque distinction entre ceux qui auront l'hōneur d'estre nos Officiers, & ceux qui se contenteront desdites nominations & commissions, Nous voulons que ceux qui prendront nosdites lettres de prouision, puissent resigner leurs charges quand bon leur semblera, tout ainsi qu'il est permis à nos autres Officiers. Et outre, que nosdits Procureurs de nos Cours de Parlements & autres Cours souueraines pourueus de nous, soient tenus du corps desdites Cours, & ioüissent des mesmes priuileges & exemptions tout ainsi que font les Huissiers d'icelles. Et pour le regard desdits Procureurs qui exercent leurs charges en vertu desdites nominations & commissions de nos Officiers, & qui ne prendront nosdites lettres de prouision, ils ne pourront resigner leursdites charges ny ioüir desdits priuileleges, Ains voulõs que par leur mort elles demeurent esteintes & supprimees, sans qu'il y puisse estre cy aprés pourueu par nous & nos successeurs Roys, sinon que le nombre qui sera porté par lesdits Reglemens, ne fut reply. Et où par cy apres aucuns Procureurs seroiẽt admis & receus outre ledit nombre en vertu de nos lettres de prouision & Commission de nos Officiers, par surprise ou autrement, Nous auons dés à present cassé, reuoqué & annullé, cassons, reuoquons & annullons lesdites prouisions & receptions. Faisons defenses ausdits Procureurs de s'immiscer en la fonction desdites charges à peine de faux & mil liures d'amende, dõmages & interests des parties pour lesquelles ils auroient occupé, faisans expresses inhibitions & defenses aux autres Procureurs sous les mesmes peines, de leur prester leurs noms, ny signer pour eux aucuns actes ou appoinctemens. N'entendons par cettuy nostre present Edict, innouer aucune choses pour les Cours & Iurisdictions où les Procureurs iouïssent de leursdites charges en tiltre d'Office, en vertu de nos lettres de prouision ou de nos predecesseurs Roys deuëment expediees, ny que ceux qui prendrõt nosdites lettres soient tenus de subir nouuel examẽ, ny prester autre nouueau serment que celuy qu'ils ont presté lors qu'ils ont esté receus.

SI DONNONS en mãdement à nos amez & feaux Conseillers les Gens tenans nos Cours de Parlemens, Chambres des Comptes, grand Conseil, Cours de nos Aydes, & autres nos Officiers qu'il appartiendra, que le present Edict ils ayent à registrer, & le contenu en iceluy faire

garder & obseruer de poin
poinct selon sa forme & teneur, tant
nos Baillifs, Seneschaux, leurs Lieutenãs, Conseillers des sieges Presidiaux, Esleus, Greneticrs, qu'autres Officiers des sieges Royaux de ce Royaume. Enioignõs aussi à nos Procureurs generaux esdites Cours, requerir l'entherinement de nostredit Edict, & faire iceluy publier & executer en chacune desdites Cours & sieges, à la diligence & soin de leurs Substituts: Car tel est nostre plaisir, Nonobstant oppositions ou appellations quelconques, & tous Edicts & Ordonnãces, Reglemens, Arrests, Coustumes, vsances, priuileges & autres choses à ce contraires, Ausquels & aux derogatoires des derogatoires y cõtenues, Nous auons derogé & derogeons. Et afin que ce soit chose ferme & stable à tousiours, Nous a-

uons fait mettre nostre seel à cesdites presentes. DONNE à Paris au mois de Feurier l'an de grace mil six cens vingt. Et de nostre regne, le dixiesme. Signé, LOVIS. Et sur le reply, Par le Roy, DE LOMENIE. Et a costé, Visa. Et scellé du grand seau de cire verte sur lacs de soye. Et encor sur ledit reply est escrit.

Leu, publié, registré, present & requerãt le Procureur general du Roy, Ordõné que copies collationees seront enuoyees aux Baillages & Seneschaussées, pour y estre leües, publiees, registrees & executees selon leur forme & teneur. A Paris en Parlement le Roy y seant, le dix-huictiesme Feurier 1620.

Signé, DV TILLET.

Et encores sur ledit reply est escrit;

Leu, publié & registré en la Chambre des Comptes, ce requerant le Procureur general du Roy, par le commandement de sa Majesté porte par Monsieur le Prince de Condé, venu expres en ladite Châbre assisté des sieurs de Chasteau-neuf, President Ieannin & Vignier, Conseillers en ses Conseils d'Estat & Priué, le 24. iour de Feurier mil six cens vingt.

Signé, BOVRLON.

Leu, publié & registré par le commandement du Roy porte par Monsieur le Prince de Condé, assisté des sieurs de Chasteau-neuf, Ieannin & Vignier, Cōseillers au Conseil d'Estat de sa Majesté, ouy & consentant le Procureur general. A Paris en la Cour des Aydes, le 24. Feurier, 1260.

Signé, PAVLMIER.

Collationné à l'Original par moy Conseiller, Notaire & Secretaire du Roy,

www.ingramcontent.com/pod-product-compliance
Lightning Source LLC
LaVergne TN
LVHW010415240826
846091LV00020B/4045

* 9 7 8 2 3 2 9 3 0 4 5 4 0 *